Mi Primer Libro de Nutrias

JENNY KELLETT

BELLANOVA

MELBOURNE · SOFIA · BERLIN

Mi nombre es...

¡Hola! Soy
Neo la nutria.
¡Encantado
de conocerte!

Las nutrias son animales juguetones que aman nadar. ¿Puedes encontrarme en el agua?

Las nutrias viven en **ríos**, **lagos** y **océanos** de todo el mundo.
¿Puedes señalar el río?

A veces las nutrias juegan en la **orilla del río** o en **la playa**, pero siempre se quedan cerca del agua.

¡A las nutrias les encanta el agua!
Dibuja una línea en el mapa hasta
donde crees que vivo.
Pista: ¡Busca el agua!

A las nutrias les encanta comer pescado.

Los atrapan con sus garras afiladas.

¿Sabes cuál de estos es un pez?

Pista: ¡Es el único que tiene aletas y escamas!

Las nutrias tienen patas palmeadas que les ayudan a nadar.

¿Cuál de estos animales es el que no encaja?

Gato

Rana

Pato

Sólo uno de estos animales no tiene patas palmeadas que le ayuden a nadar.

¡Señala el correcto!

Ayuda a la nutria a encontrar su hogar.

Encuentra el camino que lleva al hábitat favorito de la nutria.

Recuerda: ¡A las nutrias les encanta vivir cerca del agua!

Las nutrias marinas viven en el **océano**, mientras que las nutrias de río viven en **ríos y lagos**.

Soy una nutria marina. ¡Tengo pelaje grueso para mantenerme caliente!

A las nutrias les encanta dormir flotando de espaldas. Incluso se toman de las manos para no separarse.

Cuando muchas nutrias se toman de las manos, se llama balsa.
¿Puedes contar cuántas nutrias hay en esta balsa?
Señala y cuenta cada nutria.

Las nutrias son excelentes nadadoras y les encanta jugar en el agua con sus amigos.

¡Juguemos a un juego!
¡Encierra en un círculo los animales que les gusta nadar!

¡Chirrido!
¡Clic!
¡Chillido!

¡Hagamos algunos sonidos de nutria!
¿Puedes hacer un chirrido, un clic
o un chillido como una nutria?

¡Me encanta pasar tiempo con mis amigos!
Las nutrias son muy sociables y tienen muchos amigos. A menudo juegan y descansan juntos.

Mis actividades favoritas con mis amigos...

Descansar

Comer

Señala las imágenes de lo que te gusta hacer con tus amigos también.

Nadar

Jugar

Los bebés
de nutria
se llaman
cachorros.

Las mamás nutrias cuidan
mucho a sus crías.

Zorro

Perro

Oso

Lobo

¡Necesitamos tu ayuda!
Las nutrias necesitan agua limpia para vivir.
La contaminación del agua es un gran problema para las nutrias.

Puedes ayudar a las nutrias manteniendo limpias las playas y los ríos.

¿Qué es lo que más te gusta de las nutrias?

¿Cuál es la comida favorita de una nutria?

¿Cómo podemos ayudar a mantener a las nutrias seguras?

¡Felicidades!
Nombre: ....
Por aprender todo sobre los
NUTRIAS
y convertirse en un(a) Experto(a) en Nutrias
Jenny Kellett
Autora

TAMBIÉN POR JENNY KELLETT

¡... y más!

¡Simplemente **escanea** aquí para verlos todos!

Escanéame

Disponible en
www.bellanovabooks.com/es
y en todas las principales librerías en línea.

¡Nos encantaría saber de ti!

Si tú y tu hijo disfrutaron este libro, ¡nos encantaría saber de ustedes!

Dejar una rápida **reseña** toma solo unos segundos y hace una gran diferencia para nosotros.

Como autora independiente, tu apoyo nos ayuda a crear más libros divertidos y educativos. **¡Gracias!**

Deja una reseña

Escanéame

www.ingramcontent.com/pod-product-compliance
Lightning Source LLC
Chambersburg PA
CBHW041823110726

48006CB00019B/2491